Philip Rigo

S'apaiser

Essai

Éditions Amalthée

Consultez notre site internet

Pour tout contact :
Éditions Amalthée – Centre Chester Carlson
ZAC du Moulin des Landes – 2 rue Gutenberg,
44980 Sainte-Luce-sur-Loire
www.editions-amalthee.com

Un big big Namaste au Dr Kaustubha Desikachar qui a trouvé les clés pour ouvrir mon esprit et que je nomme affectueusement mon professeur dans cet essai.

Un big big Kia Ora à ma Whanau Kiwie avec Ruth, Al, Lesley et Wiremu...

Et big big love to Élo !

CELUI QUI NE CONNAÎT PAS SON PASSÉ EST CONDAMNÉ À LE REVIVRE

Nous sommes le résultat de nos pensées disait Bouddha. Notre mental, organe de nos pensées, se veut l'interface grâce auquel nous dirigeons notre vie. S'il fonctionne bien, notre vie est fluide, sinon, attention ! Bien sûr, notre mental à lui seul ne fait pas tout, certaines expériences sont déterminantes dans notre trajectoire personnelle : une rencontre, un accident, une maladie. Mais, tous ces événements, bien qu'extérieurs à nous, ne déterminent ni la manière dont on y répond, ni l'influence qu'ils prennent dans notre trajectoire de vie. C'est la manière avec laquelle notre mental les transforme qui est essentielle pour construire un futur sain.

Boris Cyrulnik, qui a perdu sa famille dans des camps lors de la Seconde Guerre mondiale, a forgé un terme pour décrire la capacité qu'ont certaines personnes qui se réconcilient avec leur passé : la résilience. Être résilient c'est d'avoir la capacité de faire la paix avec les événements difficiles de la vie et d'aller de l'avant sans être déterminé par des circonstances malencontreuses.

D'une certaine manière, et à des degrés divers, nous sommes tous les victimes d'une situation passée. Selon la philosophie indienne, nous naissons tous avec un poids sur les épaules : le *karma*. Celui-ci est le résultat de bonnes ou de mauvaises actions passées. Pour certains, ce *karma* résulte de l'accumulation des vies antérieures ; pour d'autres, c'est un héritage que nous recevons de nos ancêtres, un poids familial dont nous devrions nous libérer pour accéder à une paix intérieure. Si on y réfléchit bien, le même concept apparaît à l'œuvre en Occident (dont l'obsession est l'argent) : nous avons tous une dette théorique en naissant dont le résultat s'avère le produit de la division entre le montant total de la dette et le nombre d'habitants. Ainsi, selon que l'on soit espagnol, belge ou américain, nous sommes plus ou moins endettés en naissant et devrons travailler dans un système économique mis sous pression par cette dette afin de le libérer et, par-là, nous libérer nous-mêmes.

Quelle différence y a-t-il entre la notion de *karma* indien et la notion de dette occidentale, si ce n'est la manière de l'expliquer avec des mots spirituels dans une culture spirituelle et en termes matériels dans une culture matérialiste. Le poids du passé n'est un secret pour personne. D'où l'adage suivant : « Ceux qui ne peuvent se souvenir du passé sont condamnés à le répéter ». Nous ajouterions aujourd'hui : « Ceux qui ne peuvent *faire la paix* avec leur passé sont condamnés à le revivre ».

CET INCONSCIENT QUI NOUS DÉTERMINE

La tourmente dans laquelle nous plongeons notre esprit lorsque nous nous accrochons aux heurts et blessures passés est bien décrite dans les figures névrosées d'Hitchcock. Nous avons tous ces fameuses scènes en tête. Celle de ce travesti habillé en femme et fumant à la fenêtre après avoir momifié sa mère. Ou bien la scène de la douche dont les plans se perdent dans l'eau tourbillonnante décrivant la spirale infernale infinie du passé se répétant sans cesse. Ce thème, d'ailleurs, celui de la répétition, constitua un des déclencheurs de l'analyse freudienne. C'est cette question qui a mis en exergue le travail de l'inconscient et a fourni les bases théoriques de la psychanalyse. La logique devient la suivante : si un événement passé peut continuer à avoir un impact aujourd'hui, c'est qu'il continue à vivre quelque part dans la personne à son insu ; l'inconscient existe donc bel et bien.

C'est bien là que le bât blesse. Si les traumas continuent de vivre et d'agir en nous, malgré nous, et sans même que nous en soyons conscients, comment faire, dès lors, pour accéder à cette résilience ? Comme le disait Bouddha, nous sommes la somme de toutes nos pensées, oui, mais surtout la somme de nos pensées inconscientes. Certains psychologues vont jusqu'à dire que plus de 99 % de nos choix sont conditionnés par notre inconscient… Comment pardonner quand seulement 1 % de notre être le souhaite ? Comment être résilient quand la plus grande partie de nous-même s'attache à un traumatisme ? Comment pardonner alors que les stigmates de l'inconscient se greffent sur notre corps en y provoquant tout un tas de maladies ? Mais surtout comment se libérer alors que le poids que nous portons est essentiellement le fruit des générations passées ?

En effet, combien de petits-enfants de soldats souffrent de syndrome post-traumatique sans en connaître la cause ? L'histoire non résolue d'une génération est transmise à la suivante. Un adage indien le dit à sa manière : « On est autant malade qu'on a de secrets ». Le poids des secrets, de ce qui n'est pas dit, caché, oublié, continue à œuvrer dans l'obscurité dans laquelle on les a enfouis. Seuls les symptômes sont visibles jusqu'à ce que quelqu'un prenne le temps d'ouvrir les tiroirs et d'en sortir toutes ces histoires. Plus on attend, et plus il y a de travail. Ce n'est pas anodin, aujourd'hui, alors que nous avons tous un confort matériel incroyable, nous souffrons de problèmes d'anxiété, d'angoisse et de stress. Une grande partie de ceux-ci provient d'un programme familial consistant à accepter voire à chercher des situations stressantes, dans lesquelles nous sommes mis sous pression, car nous répétons, en quelque sorte, les situations de nos aïeux. Cette répétition n'est pas consciente, mais elle devient facile à comprendre si l'on y pense bien. N'étant pas libre moi-même, en raison des situations que j'ai vécues et avec lesquelles je n'ai pas fait la paix, comment pourrais-je donc aider mes enfants à se découvrir eux-mêmes ? Me trouvant moi-même dans l'obscurité, comment pourrais-je apporter de la lumière à quelqu'un ? Ainsi c'est plus, ou au moins tout autant, ce que nous ne faisons pas inconsciemment qui influence nos enfants que les intentions que nous mettons consciemment en œuvre pour les éduquer.

Combien de traumatismes intergénérationnels portons-nous comme *karma* inconscient ? Comment se défaire, disons-le, de quelque chose qui ne nous appartient pas puisqu'il vient d'un passé inconnu à notre conscience et qui se terre dans notre inconscient ? Cela semble *a priori* tout à fait impossible et, il paraît fou, même, de se lancer dans une telle aventure. Faut-il que le poids de cette dette soit lourd, si lourd, que la tentative pour l'effacer se révèle la seule issue possible ? Passons-nous notre vie à être victime d'un passé qui nous est étranger et que, souvent, nous ne soupçonnons même pas ? Où est donc notre capacité à nous libérer ?

LA RÉSILIENCE

Si la situation est si difficile, alors pourquoi certains d'entre nous ont plus de résilience que d'autres ? Certaines personnes sont des exemples de résilience. Eva Kor, par exemple, qui avec sa sœur jumelle a vu sa famille disparaître sous le cruel joug des nazis dans les camps de concentration. Toutes deux n'ont survécu qu'en raison du fait que leur gémellité constituait une curiosité digne d'expérimentations inhumaines aux yeux malades du docteur de la mort, le tristement célèbre Josef Mengele. Cette dame, qui est morte, ironie de l'histoire, à Auschwitz (mais bien plus tard, lors d'un voyage de mémoire), n'aura de cesse de dire que le fait de pardonner aux nazis demeure ce qui lui a permis de se libérer de leur emprise. La résilience et le pardon dont a fait preuve Eva, lui ont offert une santé mentale et une liberté intérieure inattendues. Une forme de maîtrise sur sa vie.

Le propos de ce livre n'est pas un livre sur le pardon. Le fait que vous pardonniez à ceux et celles qui vous ont blessé ne m'appartient pas. Mais l'exemple d'Eva constitue une grande inspiration pour moi. Si elle a pu faire preuve de résilience par rapport à ses bourreaux, il est probable que nous puissions faire de même, du moins théoriquement. Le processus de lâcher-prise, comme il est appelé dans les milieux du bien-être alternatif, n'apparaît pas si simple que cela et surtout, ce chemin est fondamentalement personnel. Il n'y a pas d'autoroute pour la résilience. Chaque chemin se montre unique, tout bon thérapeute vous le dira, et il y a des histoires qui fonctionnent et d'autres moins. Comment faire pour avoir accès à son inconscient et le guérir est une question clé. Et ce livre-ci, pas plus que les autres, ne fournira une réponse toute faite à cela.

J'apprécie particulièrement le chapitre “Le bouddhisme et la psychanalyse” du livre, *Le moine et le philosophe* de Jean-François Revel et de Matthieu Ricard, un dialogue entre un père philosophe athée et un fils moine bouddhiste (et par la même occasion, traducteur du Dalaï-Lama). Au premier qui explique les grands concepts de la psychanalyse, le second rétorque que des lambeaux entiers de notre passé peuvent être brûlés dans notre psychisme grâce à la méditation. Image intéressante, le bouddhisme aurait la prétention de faire disparaître de notre inconscient le poids de ces expériences traumatisantes qui nous appartiennent et qui continuent de nous tourmenter bien après.

Si l'on y regarde de plus près, le bouddhisme n'est pas la seule discipline nous promettant une forme de libération ou une autre, c'est à peu près la promesse de toutes les grandes traditions. S'en remettre et offrir son fardeau à Dieu pourrait être le grand adage des Chrétiens, à Allah pour les Musulmans, méditer, pour les Bouddhistes ou encore écouter le son du tambour pour les Chamanes, etc.

Lorsqu'il s'agit de guérir ses blessures psychiques, il semble qu'il y ait une grande trame dans toute cette diversité : passer par le vécu de la personne. En effet, la mémoire et l'inconscient ne sont pas des objets en dehors de nous-même auxquels il nous faudrait accéder de l'extérieur pour comprendre ce qui raye la mécanique et ensuite le résoudre, tout comme on pourrait résoudre un algorithme sur un ordinateur ou un assemblage mécanique dans une automobile. Non, il semble que le fait de passer par le vécu, de le voir autrement, de lui donner une autre signification, de l'insérer dans une histoire plus grande qui nous dépasse soit un moyen essentiel de faire la paix avec celui-ci. Ce qui semble intéressant, c'est que le passé est justement passé et donc, il s'avère immuable. Ce qui est possible, c'est de changer le regard que l'on porte sur lui afin de réduire la charge émotionnelle liée à l'expérience traumatisante en question.

En fait, il s'agit plus d'un passage, ou disons… d'un rituel initiatique. En effet, le *karma*, même quand il est allégé, ne libère notre psychisme que lorsque nous sommes prêts à y faire face. Certaines portes intérieures ne s'ouvrent en nous que lorsque le contenu de ce qui est caché derrière cette porte devient un contenu acceptable pour notre conscience. Certaines situations de soin se révèlent ainsi parfois compliquées à gérer ! La colère, la peur, la tristesse, toutes ces émotions qui nous attrapent et nous empêchent de nous libérer peuvent sortir d'une manière inopinée, et cela peut être très impressionnant !

En effet, si le psychisme a censuré telle émotion (ou tel événement), c'est parce qu'il ne peut l'exprimer sur le moment. Coincée à l'intérieur, elle finit par créer tout un tas de maladies et de problèmes pour la personne qui oublie parfois jusqu'à l'existence de cette histoire. Imaginez, vous êtes dans une séance de méditation, toute calme, et d'un coup votre voisin revit son accident de voiture. Ou bien une dame qui revit une situation d'abus sexuel que sa grand-mère a vécue cinquante années plus tôt. Ou encore un adolescent, tout à fait sensé et bien intégré dans son école, qui lors d'un entretien avec son instituteur se met à hurler d'une manière tout à fait inhumaine. Cela peut paraître tout à fait dingue, mais cela existe néanmoins. Et, en être témoin peut s'annoncer perturbant ! Et pourtant, il est essentiel de laisser de l'espace, dans ces moments-là, à la personne pour qu'elle puisse exprimer sa douleur et sa peine sans se sentir jugée.

En effet, c'est bien parce que la personne en question avait bien senti qu'elle ne pouvait pas exprimer sa douleur sur le moment même qu'elle a décidé, souvent inconsciemment, de, disons, la garder pour plus tard. Si, alors qu'elle est enfin prête à se libérer, quelqu'un porte un jugement sur cette émotion, il est plus que probable que cette personne l'enfouisse, cette fois, si profondément qu'elle n'y aura peut-être plus jamais accès.

La résilience, n'est pas, à mon sens, un concept facile. Au contraire, cela me paraît très intense et nous force à aller au-delà de toutes nos vagues intérieures et de les exorciser. Il faut trouver en soi une ancre pour s'y appuyer et résister aux différents séismes que nous avons enfouis à l'intérieur. Car ces séismes, si l'on veut les soigner sans les anesthésier, reviendront à la surface. Et, c'est la conscience qui guérit. C'est important de le souligner. C'est en partie pourquoi elle est considérée comme sacrée en Inde. Dans la philosophie du Yoga, d'ailleurs, c'est le principe de vie. Elle distille l'énergie dans toutes les parties de notre corps, tout comme le soleil envoie ses rayons dans le Monde entier sans discrimination.

L'INTERGÉNÉRATIONNEL

Il y a différents niveaux de guérison tout comme il existe différents niveaux de traumatisme. Le premier niveau est celui de l'expérience personnelle. Toutes les traditions de tout type sont d'accord par rapport à l'existence de celle-ci. Mais, il existe un niveau intergénérationnel. Dans le *Mahābhārata*, la grande épopée indienne, les choses y sont exprimées de la manière suivante :

punnamno narakāt trāyate iti putra |

Le fils est celui qui libère son père de l'enfer nommé *pun*.

L'idée s'avoue, ici, intimement reliée à la famille. Essayons d'appréhender ce que ce simple adage peut nous aider à comprendre. La première idée est que le père se trouve en enfer. Selon Śaṅkara, un très grand philosophe indien, l'idée contenue derrière cette phrase est la suivante : le fils serait celui qui libérerait le père en réalisant ce que le père n'a pas accompli. Intéressant non ? Il fait bien sûr étendre cette idée aux filles et à la relation parent-enfant en général ! Un traumatisme important serait, si l'on prend cette idée d'enfer comme s'apparentant à une métaphore, simplement de ne pas être arrivé à réaliser notre but dans la vie. Avoir raté l'accomplissement de quelque chose. Avoir eu un projet, mais ne pas avoir pu le réaliser.

Je souffre moi-même d'un problème de malformation cardiaque à la naissance et ai subi, jusqu'à présent, deux opérations à cœur ouvert. Cette pathologie particulière n'est pas des plus courantes, et aujourd'hui, une seule opération suffit pour en être quitte à vie. Nous sommes donc très peu à vivre avec cette problématique. Sachant cela, donc, j'ai demandé à mon médecin comment s'en sortaient les autres. Elle m'a dit qu'une grande partie de ses patients portaient des projets dans leur vie sans se laisser définir par cette pathologie. Ce sont des situations que l'on rencontre donc couramment…

Intéressant ! Avoir des projets, des objectifs est, tous les thérapeutes le diront, un plus pour affronter les traumatismes. Mais ce qui paraît étonnant, dans l'explication de Śaṅkara, est le fait que ne pas avoir de projet incarne en soi un traumatisme. Je m'arrête un instant sur cette idée tant elle me semble essentielle. C'est le sens que l'on donne à notre vie qui se déclare le plus important… Et, c'est le fait de vivre notre vie sans lui donner du sens qui est traumatisant. Vivre, même difficilement, en trouvant du sens à ce que l'on fait est plus facile. Cette approche ancienne rejoint, par ailleurs, toute la majeure partie du courant philosophique occidental contemporain que l'on appelle la phénoménologie. Derrière ce mot barbare se cachent des noms comme Sartre, Heidegger, Husserl, etc. Tous ont un point commun, ils se sont interrogés sur le lien entre notre conscience et le Monde et sur la création du sens. Le sens ne peut donc jamais se réduire à un état physiologique, il est toujours lié à un vécu personnel. Intéressant. Oui, vraiment, intéressant.

DONNER UN SENS À SA VIE

Donner un sens à notre vie… Ceci nous permet de comprendre, peut-être, pourquoi nous souffrons tous autant à notre époque alors que nous n'avons jamais bénéficié d'autant de confort et de technologie dans toute l'histoire de l'Humanité. Notre niveau de confort est, en effet, bien supérieur à ce qu'auraient simplement pu imaginer, par exemple, les rois de France : téléphone intelligent, 3G, 4G, 5G, four micro-onde, congélateur, etc. Mais nous sommes, par la même occasion, devenus ce que Nietzsche appelait déjà, au XIXe siècle, une « vache multicolore ». Autrement dit, une masse vivante édulcorée par notre confort matériel, mais sans autre projet que de regarder des trains, dans le cas de la vache, ou des écrans, dans le nôtre… Une vie dans laquelle nous pensons que le bonheur n'est peut-être simplement rien de plus qu'un état de bien-être.

À cet égard, je me souviens d'une expérience de pensée d'un de nos professeurs de philosophie. Il nous avait invité à nous mettre à la place d'une personne plongée dans le coma chez qui toutes les parties du cerveau liées au plaisir seraient stimulées, puis il nous avait posé la question : si c'était vous, seriez-vous heureux ? La réponse unanime fut non, évidemment. Je me demande parfois si nous ne vivons pas inconsciemment sous ce modèle-là…

Marcel Gauchet, philosophe politique, parlait, lui, à sa manière, de désenchantement du Monde. Là où, auparavant, la terre, le ciel, les oiseaux, bref… la nature avait quelque chose qui nous offrait un sens, tout n'est plus devenu que mesure, calcul et objectivité. Ce matérialisme pur nous a vidés de notre substance et nous a transformés en consommateurs passifs. Difficile, dès lors, de ne pas se perdre dans les méandres du vide émotionnel, intellectuel et spirituel que laisse derrière nous cette perte de sens. Certes, et c'est là que réside l'apogée de ce paradigme, cette vision nous a offert la technologie. Outil fascinant. Les progrès de la médecine. Magnifique ! Cette vision des choses a donc été bien utile aussi. Mais, ne sommes-nous pas arrivés au bout du système avec pour paradoxe cette paralysie mondiale due au COVID-19, qu'aucune de nos technologies n'arrive à arrêter après déjà plus d'un an de crise ? N'est-il pas temps de faire un compromis et de laisser à la terre, à la mer et au soleil le soin de nous parler ? Et par là même, nous aider à reprendre le sens que nos vies ont perdu ?

Cette vision du sens demeure fondamentale, mais pour durer, elle ne pourra pas être fanatique. Chacun devra s'approprier ce sens comme une liberté personnelle. Le sens ne peut être imposé une nouvelle fois quitte à retourner au temps des serfs et des Seigneurs, de l'Index et de la censure de l'Église. Combler le manque, oui, mais sans jeter le bébé avec l'eau du bain. Oui, nous avons à reprendre la main sur nos vies, à réhabiliter la nature, et surtout, à nous réconcilier avec elle. Mais non, nous ne pouvons revenir en arrière et mettre à mal tout ce que nous avons accompli ces derniers siècles. L'heure est venue de faire un compromis avec la nature.

S'INSCRIRE DANS UNE LIGNÉE

La question du sens, si primordiale qu'elle soit, ne peut épuiser cette citation. Pourquoi le fils sauve-t-il le père ? Tout simplement parce que, toujours selon Śaṅkara, il accomplit ce qui n'a pu l'être, et qu'il défait ce qui n'a pas bien été. Simplement. Le sens n'est pas uniquement quelque chose d'individuel, mais il se partage sur plusieurs générations. Huit, selon la tradition. Cela fait un paquet de monde. Si l'on compte uniquement les aïeux dont nous descendons directement, soit les parents, les grands-parents et ainsi de suite jusqu'à la huitième génération, cela fait 510 personnes. Si à cela on ajoute le fait que chacun d'eux est influencé par 8 autres générations et qu'en plus, on doit y ajouter nos oncles, nos tantes, les cousins, etc., notre héritage devient vertigineux. Le poids de la dette, du *karma* d'un coup apparaît plus palpable, plus réaliste. Et, c'est bien le cas. Nous n'héritons pas du *karma* de chacun d'eux, mais de l'un, de l'autre, ou de quelques-uns à l'intérieur de cette somme. C'est pourquoi, dans les sociétés traditionnelles, les ancêtres ont une grande valeur. Un rituel appelé *arghya*, en Inde, consiste à verser de l'eau sur la terre, tous les matins, tout en récitant quelques *mantra* en l'honneur de nos ancêtres.

Les scientifiques, à leur manière, aujourd'hui, réhabilitent, d'une certaine manière, ce modèle sous la discipline qui se nomme l'épigénétique. Cette nouvelle discipline montre que les gènes que l'on transmet portent en eux-mêmes la trace de la culture, d'une certaine mesure, et des expériences que nous avons vécues. C'est, disons, une brique de plus à la théorie de l'évolution de Darwin, selon laquelle notre corps se transforme et s'adapte à nos besoins. Nous pouvons donc, et c'est maintenant scientifiquement prouvé, transmettre aussi des traumatismes à nos enfants. Cela se montre intéressant car c'est exactement le sens de la philosophie indienne et de la notion de *karma*.

Et cela peut se résumer ainsi : plus nous sommes heureux, plus nous prenons nos responsabilités d'humain, plus nous nous soignons, plus nous donnons du sens à notre vie et plus nous serons en bonne santé. Mais pas seulement, plus nos enfants, nos petits-enfants, nos neveux, nièces, etc. seront aussi en meilleure santé. Et, si l'on écoute Śaṅkara, il est bien possible que nos ancêtres, même disparus se portent mieux. Je vous laisse méditer à votre propre manière et selon vos croyances personnelles à ceci…

ACCÉDER À NOTRE MENTAL INTERNE

Dans notre génération à nous, combien ne sommes-nous pas en train de souffrir d'une manière ou d'une autre d'anxiété, de difficulté d'ancrage, d'insomnies, parfois, et de troubles divers de la pensée. Beaucoup de ces symptômes peuvent s'expliquer lorsque l'on pense que la Deuxième Guerre mondiale a eu lieu au temps de nos grands-parents. Ceux-ci sont souvent restés relativement discrets sur leurs difficultés pendant la guerre. Et, leur but, généralement, a été d'oublier. Oublier, reconstruire et aller de l'avant. Et on les comprend. Mais il ne s'agit pas d'un hasard, si, aujourd'hui, il y a autant d'écoles de soin, de bien-être qui naissent, tant de méthodes différentes coexistent au point que cela devient difficile d'en choisir une qui nous convient. D'une certaine manière, nous cherchons quelque part à réparer les dégâts psychologiques infligés à nos familles et qui ne sont pas encore guéris. Encore une question de *karma*.

Le problème réside dans le fait qu'en tant qu'individu, on vit les symptômes, mais sans en comprendre les causes. Notre mental n'est pas naturellement fait pour ça. Et surtout, nous l'avons entraîné loin de là durant des générations. Il faut le rééduquer. La philosophie indienne divise le mental en deux parties. D'une part, le mental externe pour lequel nous, Occidentaux, sommes champions. Il analyse, mesure, attribue, juge, objective, etc. Ensuite, il y a le mental interne pour lequel nous ne sommes peut-être pas si intelligents… Je m'explique. S'il existe bien de nombreuses personnes qui pensent être des championnes de l'introspection par la capacité qu'elles ont de mettre des mots sur leur histoire, cette croyance s'avère en elle-même, à mon sens un aveu d'échec. Notre psychisme est si profond qu'il semble bien impossible d'y mettre des mots sur tout. C'est bien le signe, le fait de vouloir y mettre des mots à tout prix, qu'il y a un déficit de la fonction interne du mental et qu'elle est remplacée par la fonction externe. Et ceci chez presque chacun d'entre nous. Les potentialités du mental interne sont, en fait, la plupart du temps, complètement ignorées en Occident. Oui, c'est vrai, nous avons tous potentiellement accès à nos propres méandres. Mais pour y arriver, il faut aussi souvent se passer des mots du quotidien. Ceux-ci figurent trop chargés de sens et guident le mental en dehors de l'intériorité.

La méditation, au sens traditionnel, est un moyen d'avancer dans cette démarche. Pour cela, le mental doit atteindre un état paradoxal à des yeux occidentaux, mais naturel à des yeux indiens : une détente active. Les Indiens considèrent que la fonction mentale dont nous nous servons pour méditer est la même que celle qui nous permet de rêver. Des images se produisent alors durant la méditation ou après, la nuit, en dormant. La pratique, lorsqu'elle se révèle bien faite, a modifié quelque chose en nous. Ces images, ces rêves, ces sentiments sont chargés de l'énergie de l'inconscient et les voir, c'est les faire accéder à la conscience et donc… guérir.

LE CŒUR

En fait, nous n'avons pas besoin d'avions, de contrées désertiques, de profondeurs abyssales ou de forêts amazoniennes pour devenir de grands explorateurs. Nous sommes tous constitués des ingrédients d'une grande épopée intérieure : un corps, un mental, des émotions et un Moi profond, lumineux, porteur d'une conscience universelle. S'y connecter, c'est se connecter à Tout et transcender la barrière de l'ego. C'est le fait de s'y rencontrer soi-même et d'y rencontrer l'autre. Un peu de temps, d'espace, de curiosité et de courage suffisent pour débuter cette magnifique épopée. Faire un petit pas en soi peut nous métamorphoser en Marco Polo du cœur.

Le cœur, c'est bien là un des éléments fondamentaux dans cette discussion. Toutes les thérapies scientifiques occidentales conventionnelles sont basées sur l'intellect. Pourquoi ? Parce que la méthode doit être généralisée, reproductible et fonctionner, si pas à chaque fois, au moins presque à chaque fois. Quoi de plus spontané que le cœur ? Quoi de plus irréductible à la mesure objectivante des instruments et des statistiques ? Les sociologues rétorquent à cela que nous choisissons nos partenaires inconsciemment en raison de différents paramètres liés à l'éducation, à la classe sociale, etc. C'est sûrement vrai, puisque c'est prouvé. Mais savoir cela nous permet-il de réparer un cœur brisé par un chagrin d'amour ? Savoir cela nous aide-t-il à ne pas mettre notre vie sens dessus dessous lorsque l'éclair du coup de foudre vient frapper à notre porte ?

L'idée du cœur est bien plus présente dans nos vies qu'elle n'en a l'air. Oui, le cœur. Les Yogis le nommaient autrefois *hṛdaya*. Son étymologie, pour les Yogis, est composé de *hṛt-*, « le lieu » et de *ayam*, « celui-là », littéralement, « ce lieu-là ». Est-ce une provocation ? La légende veut que les dieux aient caché la vérité dans le cœur des hommes, l'endroit le plus secret du Monde. Après l'avoir cherchée partout, pendant des siècles (l'auteur de la légende savait-il, d'ailleurs, l'intensité des efforts que nous y mettrions ?), les Yogis nous disent qu'il se trouve ici, ou plutôt, juste là ! Tout simplement. *Hṛdayam* est bien ce lieu-là dont nous parlaient les Yogis, le quatrième *cakra*. Juste ici, chez chacun d'entre nous, situé à la base de la fourchette sternale, il symbolise le lieu de nos émotions. Les *upaniṣad*, textes sacrés du Yoga, y décrivent une flamme dont la pointe représente la conscience universelle. Maître Eckhart, au XIIe siècle, expliquait le même concept : l'étincelle de syndérèse. Cette étincelle, à la pointe de notre âme, représente le divin en nous. Cette idée d'ailleurs n'est souvent pas très appréciée, Maître Eckhart lui-même a subi l'apostasie et n'a été réhabilité que bien des siècles plus tard. Et pourtant, tout y est : une étincelle de lumière cachée à la pointe de notre âme.

Cela paraît bateau et même irréaliste. Néanmoins, cette idée reprise dans différentes cultures, ici dans l'Allemagne du Moyen Âge avec Maître Eckhart et là, en Orient avec Śaṅkara, nous offre une nouvelle perspective. S'il y a bien quelque chose en nous qui ne change pas, qui soit une source de lumière continue à l'intérieur de nous, cela nous permet d'avoir de l'espoir. Les Yoga-Sûtra parlent de *viśoka* pour le décrire. *Viśoka* signifie « qui ne brûle pas ». Cette entité intérieure est la conscience.

Intéressant, l'image d'une flamme qui ne brûle pas pour décrire la conscience ? C'est son caractère divin, ou disons immatériel, selon les croyances, qui guérit.

Krishnamacharya, un très grand maître de Yoga du XXe siècle, certainement le plus grand, et – mais c'est un autre sujet – sans qui le Yoga ne serait pas tant connu aujourd'hui dans le Monde entier, prenait souvent une métaphore pour expliquer cette possibilité de se guérir. Pour nettoyer une assiette, nous devons la laver avec de l'eau et du savon. Cette conscience en nous, c'est l'eau et le savon nous permettant d'enlever les crasses du mental. Le mental à lui seul ne peut pas nettoyer ses propres impuretés.

C'est la grande différence entre les paradigmes thérapeutiques occidentaux et certains paradigmes orientaux. D'un côté, le pouvoir de guérison est donné au mental avec – à grand traits – la psychanalyse, la psychologie, etc. Et, de l'autre, il est donné à la conscience, avec le Yoga et à un pouvoir inné que nous portons tous en nous. Le petit quelque chose de divin en nous, cette flamme qui ne brûle pas, constitue notre quête.

LES RÊVES SONT DES MESSAGES

Dans la pratique psychanalytique, le patient raconte ce qui lui revient à l'esprit, ce qui le travaille et, par là, cherche à réduire la cause de ses symptômes. Comme Freud le disait, il tente d'assécher les marécages de son inconscient grâce à la raison. Le but, en d'autres termes, est en partie de remettre de l'ordre dans le foutoir de l'inconscient, d'y trouver du sens, d'y enlever une charge émotionnelle (l'émotion représentant depuis toujours l'ennemi de la raison en Occident). Mais il s'agit toujours d'une partie du mental, malsaine, qui s'appuie sur une partie du mental qui, elle, est saine. Et quand cet appui ne devient pas possible, le psychanalyste lui-même tient lieu de support. La vision des Orientaux est différente. Lorsque la lumière, pure, de la conscience touche les éléments malsains, elle peut les guérir à la manière dont un soleil radieux assèche un marécage et le transformer en un jardin fertile.

Le fait que la conscience guérisse ouvre des possibles. Certains endroits sont plus propices que d'autres au fait de guérir. Dans toutes les cultures et sur tous les continents, certains lieux sont considérés comme étant sacrés. En Inde, on construisait les temples autour d'un arbre, toujours, ce qui fait que l'arbre est l'élément le plus ancien du temple. Dans certains temples, on peut encore y voir cet arbre, d'ailleurs. Dans le Sud de l'Inde, un temple en particulier abrite un vieux tamarinier, dit-on, vieux de 5 000 ans. Cet endroit est d'une beauté et d'une grandeur extraordinaire. Ce temple constitue un des endroits où les personnes viennent se guérir de symptômes dont la cause est souvent hors de portée des mots et donc d'une analyse mentale de la situation.

Mon professeur m'avait demandé d'aller à Rameshwaram, un temple situé à l'extrême Est de Inde. Ce temple est composé de 24 puits. Le but est de se rendre au bord de chacun de ces puits dans un ordre particulier et de recevoir un seau d'eau de chacune de ces sources sur la tête et sur tout le corps. Outre la décharge que cela fournit, 24 fois d'affilée, pendant environ une heure, cela place notre mental dans un état modifié, au-delà de l'ego, susceptible, si en plus nous en avons le désir profond, de guérir nos blessures intimes. Le temple, en fait, a pour objectif de nettoyer le mauvais *karma* que nous avons accumulé nous-même ou bien que nous avons hérité de nos ancêtres. Et, cela marche ! Je me souviens qu'en y allant, j'étais tombé malade d'une manière inexpliquée. Durant les quatre heures de route qui séparent l'aéroport du temple, le chauffeur était plus désireux de m'emmener à l'hôpital que de m'emmener au temple ! Mais une fois arrivé à l'endroit, j'ai retrouvé comme magiquement l'énergie de traverser tout ce chemin et toutes ces sources. La fièvre est tombée quelques jours plus tard. Ce qui fut particulièrement étonnant est un rêve que j'ai fait avant de tomber malade et qui a conditionné tout l'état d'esprit du voyage. J'y ai vu mon arrière-grand-père qui avait participé à la guerre. Il était accompagné d'amis à lui sous la forme de cadavres et ils se montraient tous désolés d'être allés à la guerre, d'avoir tué des hommes et, pour certains, d'avoir été tués, mais qu'ils l'avaient fait de bonne foi car on leur avait dit que c'était le seul moyen d'avoir la paix en Belgique. Le plus étonnant est que, quelques semaines plus tard, ma grand-mère m'a appris, par hasard, que son père avait offert une maison à la veuve de l'un de ses compagnons d'infortune ayant trouvé la mort au combat et qu'il en a éprouvé de la fierté toute sa vie. Après ce périple onirique, je me suis senti mieux. D'une manière ou d'une autre, l'endroit, la démarche, mon engagement, les prières de mon professeur, la conduite du chauffeur de taxi, chacune de ces choses avait finalement changé quelque chose en moi.

CETTE LUMIÈRE EN NOUS

Le fait que nous abritions tous quelque chose de profondément pur et lumineux en nous change la donne. Cette lumière a quelque chose à nous dire et, elle nous parle ! Peut-être pas avec des mots ni avec des phrases, mais elle nous adresse des sentiments. Son langage s'avère universel, mais il n'est pas codé. C'est une force dans la poitrine qui nous pousse à faire confiance. C'est une larme qui monte dans notre œil à la vue d'une scène touchante. C'est de l'énergie qui monte d'un coup et nous revigore alors que nous étions épuisés. Ce sont des frissons qui nous parcourent le corps quand on s'y attend le moins. Le plus troublant avec elle, c'est que si on essaie de l'attraper, elle disparaît. Et pourtant, elle nous parle de bien des manières différentes. Notre boulot ? Écouter. Apprendre à écouter. Ou plutôt réapprendre à écouter. Simplement.

Il apparaît, en effet, que bien souvent les enfants ont cette capacité en eux d'une manière innée. Qui n'a pas été surpris par l'intelligence d'un enfant énonçant une vérité et faisant voler en éclat les conventions tout en amenant légèreté et bonheur ? Cette lumière, c'est la beauté de la vie qui s'exprime sous de très nombreuses formes. Il s'agit d'un éclat, d'un frisson, d'une spontanéité. Notre rôle consiste à être prêt quand elle arrive, d'en saisir le message. Et surtout, d'y croire. De croire que ces moments d'intuition sont bien réels, que nous les avons bien eus, qu'ils existent. Car, en effet, notre mental est le grand champion pour en nier l'existence.

Combien de fois n'enterrons-nous pas ces moments fondateurs au détour d'un : « mais non… ce n'est pas possible ! J'ai dû rêver. Je n'y arriverai pas ». Et pourtant. Le fait d'y croire est ce qui fait toute la différence. Donner de la place à la magie de notre vie, au silence rempli, à nos perceptions les plus inexplicables, à nos compréhensions. Soyez honnêtes, ne vous êtes-vous jamais dit : « je le savais, je n'aurais jamais dû le faire » ? Ou « je l'avais senti, j'aurais dû le faire, justement ? » Combien de fois ne nous sommes-nous pas dit à nous-même, z… ! Pourquoi ne me suis-je pas écouté ? Le nombre de fois où quelque chose d'inexpliqué nous dit de ne pas faire confiance à telle ou telle personne et où, comme nous sommes bien éduqués, en l'absence de faits objectifs à charge, nous offrons quand même notre confiance, notre cœur, parfois même, puis… au final… nous réalisons que nous aurions dû écouter cette petite voix qui gît au fond de nous. Cette petite voix est une conscience, une intuition…

Le tout petit problème avec elle, c'est qu'elle ne se veut pas logique. Le mental n'est pas construit pour l'écouter. Ben oui ! Quoi ? On n'envoie pas des fusées sur la Lune en rêvassant ! On ne construit pas des maisons sans réfléchir, sans tout anticiper. Sinon, badaboum, c'est tout l'édifice qui s'écroule. On doit réfléchir avant d'agir, c'est sûr ! Et, je suis bien d'accord avec toutes les petites phrases moralisatrices du même acabit prises dans un contexte donné. Mais entendues ensemble, l'une après l'autre, durant de longues années, elles finissent par conditionner notre vision du Monde et étouffer cette petite flamme qui dort en nous…

Et pourtant, si l'on y réfléchit, le fait d'aller sur la Lune est bien un rêve tout ce qu'il y a de plus inaccessible au départ, non ? L'architecte qui construit les maisons a bien dû avoir un déclic dans son cœur à un moment donné pour s'engager dans cette voie et non, disons, la dentisterie ? Ces exemples prennent plus de sens lorsque l'on retourne l'argument. Qui voudrait aménager dans la maison d'un architecte qui a perdu la flamme ? Que serait devenue l'exploration lunaire s'il n'y avait pas eu des scientifiques fous, rêvant d'y aller et transmettant leur passion aux autres ? Cette petite flamme, lorsqu'elle est partie, nous transforme en automate. Comme un Charlie Chaplin, dans ce film magnifique, mais déroutant, *Les temps modernes*, tentant à tout prix de serrer les boutons de la veste de son compagnon, obsédé qu'il est devenu dans le serrage de boulons du travail à la chaîne ! Bergson disait que le rire, c'est « de la mécanique plaquée sur du vivant ».

Aujourd'hui, nous pourrions détourner cette phrase et dire, la déprime, c'est de la mécanique plaquée au vivant. À la manière d'un prof, décomptant les jours avant les vacances, et ânonnant les mêmes leçons depuis 30 ans. Et de toutes ces personnes qui, à défaut de faire un travail à la chaîne, sont enchaînées à leur travail, à leur statut ou autre… et dont la flamme a disparu. Et, nous avons tous connu un tel prof, un jour ou l'autre. : -)

ÊTRE ACTIF

Le problème n'est pas à l'extérieur de nous comme nous semblons si souvent le penser. Ce sont des excuses dont nous nous servons. La vitalité se trouve en nous. Il suffit de se centrer à l'intérieur de soi pour se reconnecter avec notre énergie profonde, avec nous-même. Il suffit de… et en même temps ce n'est pas si simple. Notre intériorité est couverte par une épaisse couche de fumée obscurcissant notre regard. C'est pourquoi nous devons discipliner notre mental. Le mot discipline fait peur, mais il ne s'agit pas de le discipliner en faisant preuve d'un contrôle perpétuel, ce qui est le meilleur moyen de devenir soit fou, soit complètement névrosé et en tout cas de perdre la flamme. Mais le mental obtient une qualité intéressante lorsqu'il se discipline, il se calme et l'inconscient lui parle. En effet, tout se produit comme si, en étant occupé par un sujet, le 'mental singe' s'apaise et laisse l'inconscient respirer. Tout à coup, il reste à ce dernier de l'énergie pour se guérir et s'organiser.

Pour cela, nous devons intéresser le mental, lui offrir à manger. Et toute nourriture n'est pas bonne pour lui. Je ne vous apprends rien en disant que pour certains, c'est la lecture, pour d'autres, le jeu d'échecs, la cuisine ou la méditation. Les deux conditions résident dans le fait que le mental doit être concentré et fluide, il doit apprécier ce qu'il est en train de faire. Il a besoin d'être compatible avec son objet de méditation. Une fluidité naturelle se crée ainsi entre eux deux, et cela libère alors l'inconscient. C'est le moment où nous digérons les événements et où nous créons des solutions, si nous voulons bien y tendre l'oreille.

Pourquoi dès lors, les problèmes psychiques ne cessent d'empirer autour de nous, alors que nous avons la possibilité de trouver des objets de méditation de plus en plus variés et intéressants ? Le problème, c'est la passivité dans laquelle le confort actuel et les avancées technologiques nous ont engoncés. Nous n'avons plus vraiment besoin de fournir un effort intellectuel pour retenir un numéro de téléphone, une adresse, ou même ouvrir un bottin pour y trouver une adresse, mémoriser une carte pour retrouver notre chemin en voiture et éventuellement nous arrêter sur la route pour demander où aller aux passants. Tout ce confort nous plonge dans un abîme… de confort. Si on y ajoute tout le divertissement auquel nous avons accès aujourd'hui – je pense aux séries interminables, à la pléthore de films et de documentaires inutiles, aux *posts* Facebook allant dans tous les sens – nous anesthésions notre mental.

Nous nous plongeons dans une infinité de significations insignifiantes en ayant perdu la capacité de créer un sens plus profond dans notre vie. Et c'est bien au plus profond de cette intériorité qu'il réside. Un petit effort quotidien devient de plus en plus nécessaire, effort couplé à une relaxation. Notre système nerveux est en effet surchargé par cette mer d'émotions et d'informations inutiles. À gober les informations telles qu'elles arrivent, nous finissons fatigués avec la nausée de ne pouvoir digérer tout ce flux. C'est un état paradoxal de plaisir, de surcharge et de passivité. Tout ce qu'il faut pour nous éloigner de nous-même.

Le remède est paradoxal. Il fait rentrer en soi pour trouver du sens et tenter d'y accéder, mais pour y aller, il faut pressentir que cet effort en vaut la chandelle. Sinon, pourquoi tenter de s'extirper du flux de plaisir actuel ? Et plus nous y sommes, moins nous souhaitons le quitter. Nous sommes devenus des accros à l'information, au drame et à la fiction. En écrivant cela, mes pensées se dirigent vers mon professeur d'anthropologie qui nous disait, au tout début de l'arrivée d'internet : « Votre problème sera de sélectionner les informations. Vous serez baignés dans l'information et vous devrez trier ce qui est réellement important ». Sélectionner, c'est déjà une action.

Se concentrer, choisir un hobby, prendre du temps pour nous, éteindre les écrans, aller nous balader dehors, profiter du soleil ou de la pleine lune, se faire à manger, jouer avec nos enfants, tous ces actes sont à la fois des actes de résistance par rapport au système tel qu'il est en train de s'instituer, mais aussi des moments de vérité, d'authenticité nous permettant de guérir, sans même nous en rendre compte, des traumatismes qui, parfois, sont les nôtres.

On l'a vu, sans être actif, le mental s'attache à tout, mais surtout à n'importe quoi. En agissant, il se détache de cette brume et de cette confusion constante. Le fait de lier le mental dans une direction choisie lui permet de ne pas s'attacher à n'importe quoi. Car il est bien de la nature du mental de s'attacher et de se nourrir de choses extérieures à lui-même. Le patron de TF1, Patrick Le Lay, disait que son boulot consiste à vendre "du temps de cerveau disponible" aux annonceurs.

Cela a le mérite d'être clair ! Sans effort de notre part, notre mental devient consommateur et s'englue dans le matérialisme ambiant. Il n'y a pas de vraie guérison possible, au sens plein du terme, dans cette bourbe intellectuelle.

C'est paradoxal, mais le mouvement d'engagement vers l'extérieur et vers l'intérieur sont liés. Le fait de s'ouvrir hors de soi permet de s'ouvrir à l'intérieur de soi. Il faut ouvrir les portes. "Sortez de vous-même dans tous les sens du terme !", telle était la conclusion du cours de philosophie morale par notre brillant professeur en première année. Je ne puis que rejoindre son engagement pour une sortie de notre narcissisme benoit pour rencontrer le Monde et nous transformer. Souvenez-vous du principe de réalité chez Freud. Le psychisme de l'enfant, informe au départ, tend à se structurer par la rencontre progressive avec la réalité. Pas besoin d'aller jusqu'à dire comme Freud que « l'enfant est un pervers polymorphe », pour comprendre la valeur d'un engagement dans un principe ou un projet supérieur à soi, comme l'ont prôné pratiquement presque tous les philosophes.

Je ne puis que regretter que l'on confonde aujourd'hui, à l'heure du fameux COVID-19, la santé physique avec la Santé avec un grand S et, que l'on sacrifie ainsi, par peur d'être malade ou de mourir, notre vie psychique au profit de la vie simple du corps. La maladie et la mort sont aussi des limites avec lesquelles notre psychisme doit apprendre à vivre. « Mortels, vous vivez comme si vous deviez toujours vivre », disait déjà Sénèque. Ce qu'il voulait dire par là, c'est qu'à protéger son corps et à privilégier son statut, sa sécurité financière, et pourrait-on dire aujourd'hui, sa sécurité physique, nous remettons à plus tard tous nos désirs ardents, nos projets et nos rêves, vivant ainsi une vie qui n'en vaut pas la peine en attendant une éventuelle pension qui, éventuellement, nous permettra de vivre ce que nous voulions vraiment vivre. Est-il possible que nous ayons tous oublié cette fameuse tirade – et toute la force de vie qu'elle contenait – de Niels dans le cercle des poètes disparus, s'adressant au Professeur Keating qui était bien plus qu'un professeur de littérature :

« Ô Capitaine, mon Capitaine ! »

Ce n'est pas tant le confinement actuel qui me chagrine (et qui finira bien par passer), que le fait qu'il représente la pièce qui manquait pour nous transformer en veaux multicolores, consommateurs, pour paraphraser l'expression bariolée de Nietzsche. Ceci dit, ce confinement nous pousse effectivement à sortir d'une partie de notre inconfort, à prendre du temps pour l'introspection, et sans remettre en cause son principe, nous nous devons de le transformer en période qui aura aidé à nous élever moralement grâce aux leçons que nous pourrons en tirer. Non, ce n'est pas tant le confinement en soi, que les informations dont nous sentons tous qu'elles demeurent incomplètes, incohérentes, que les décisions ne se basant pas uniquement sur notre bien à nous, mais plutôt sur le sauvetage d'un système n'ayant pas fait ses preuves et qui tend à survivre tel un buffle à l'agonie. Les lobbys pharmaceutiques, les fausses publications scientifiques, les multinationales qui en ont profité, les conflits d'intérêt, la censure et même la délation, deux pratiques que nous pensions révolues ont refait leur apparition, elles que nous croyions disparues à jamais sous la lumière de la démocratie capitaliste. Réinventons-nous !

FAIRE DE LA PLACE POUR LE NOUVEAU

Après de nombreux mois passés en Inde au fil des ans, j'ai réussi, sur les conseils de mon professeur, à faire venir mon épouse et mon fils, à Chennaï, pour un pèlerinage de deux semaines dans différents temples. Le jour où ils devaient arriver, je regarde la météo sur l'écran de mon téléphone et je vois « fumée ». Pas brouillard, non, mais bien fumée… Après ma pratique quotidienne, je suis sorti de l'hôtel et la ville entière était recouverte d'une très épaisse fumée toxique. La visibilité se réduisait à quelques mètres, moins de 5 certainement. Le jour de leur arrivée coïncidait – ce qui symboliquement est très beau ! – avec le festival du Bhogi. Un festival dans lequel les habitants brûlent l'ancienne récolte avant de célébrer la nouvelle. Mais, en ville, on ne cultive plus de riz, on y brûle donc nos anciennes affaires, sur la route. Les 7 millions de Chennaïtes brûlant tout le surplus qu'ils ont accumulé sur une année au bord de la route, cela en fait de la fumée ! Impossible pour les avions de décoller ou d'atterrir en attendant que la fumée se dissipe. Ma pauvre épouse a dû patienter à Dubaï avant de pouvoir prendre l'avion libérateur, et surtout après avoir attendu de longues heures à Dubaï avec notre fils dans les bras. Quel courage !

Le fait de se libérer de l'ancien n'est pas aussi folklorique qu'on pourrait le penser et cette anecdote recèle de nombreux enseignements. Tout d'abord, dans certains villages, ici, nous avons la même coutume. Nous brûlons la « macrale », terme wallon signifiant « sorcière » qui symbolise le froid, l'obscurité et l'hiver afin de célébrer l'arrivée du printemps nouveau. Le fait d'attendre à l'aéroport, dans l'incertitude, représente l'incertitude et la vulnérabilité face au nouveau qui se présente. Ces rituels ont un sens : pour accueillir le neuf, il faut se préparer au nouveau, sans quoi, nous risquons de répéter la même chose encore et encore. La perte de ces rituels et de leurs significations n'y est pas pour rien non plus dans la stagnation morale dans laquelle nous sommes embourbés. Le fait de se montrer difficilement capable d'endurer l'inconfort et l'incertitude liés à la période de transition entre le vieux et le nouveau, n'y est pas pour rien non plus. Et pourtant, il le faut bien persévérer. La chenille ne devient pas papillon sans passer par l'état de chrysalide.

Ces rituels sont bien symboliques de notre vie et le fait de les avoir oubliés porte en soi quelque chose de symptomatique : nous avons du mal à nous libérer du passé et à créer du neuf. Cette difficulté n'est pas nouvelle, sinon pourquoi créer de tels rituels ? Mais les oublier, d'une certaine manière, nous pousse à oublier leur signification profonde : réinventons-nous ! À notre échelle, nous pouvons trouver des moyens pour nous libérer. Je me souviens de Wiremu NiaNia, un *taonga* – un guérisseur – en Nouvelle-Zélande, conseillant simplement d'écrire sur un feuille de papier tous les traumas dont nous souhaitons nous libérer et de fabriquer un rituel personnel dans lequel nous brûlons le contenu de cette lettre en demandant à l'Univers de ne plus porter ce poids sur les épaules. Ce rituel est appelé *whakawetewete* en māori[1].

---

1 – Pour plus d'informations sur l'excellent travail de Wiremu NiaNia, consulter le livre co-écrit avec Allistair Bush sur l'approche psychiatrique des méthodes māories traditionnelles : Allistair Bush, David Epson, Wiremu NiaNia, *Colloborative and Indigenous Mental Health Therapy : Tātaihono – stories of Māori Healing and Psychiatry*, éd. Routledge, 2016, 192 p.

Ce sont de petits gestes pour l'Homme, mais de grands gestes pour l'Humanité ! Cela libère. Évidemment, il faut y croire. Évidemment il faut s'impliquer d'une manière non mécanique dans ce rituel. Mais cela marche. Et ce n'est qu'une méthode parmi d'autres. Si celle-ci ne vous parle pas, créez la vôtre ! Mais n'oubliez pas de faire quelque chose, d'entamer un processus qui vous convient, dans lequel vous mettez le passé de côté et créez la place pour le nouveau. C'est le sens que prennent ces pratiques du Bhogi en Inde. On élimine d'abord, pour faire de la place, puis on renforce. Nous sommes devenus des super-accumulateurs car nous ne fermons pas suffisamment tôt les dossiers que nous avons ouverts. Il reste important de faire passer le vent de l'oubli dans nos têtes et nos cœurs avant de passer à autre chose. Et, même si le résultat n'est jamais garanti, la pureté de l'intention doit toujours être présente.

N'AVOIR RIEN À PROUVER

Nous avons du mal à lâcher, aussi, en raison de nos identifications, en d'autres termes, de notre *ego*. Nous nous habituons à un statut, à un rôle, à un salaire et nous nous y attachons. Cet attachement nous piège. Nous devons continuellement nous battre pour garder et maintenir ces choses auxquelles nous sommes identifiés. Mais nous oublions que nous n'avons rien à prouver. Sur le long terme, en tout cas, nous n'avons rien à prouver. Il est évident qu'un étudiant, un jeune arrivé dans une boîte, doit bien montrer ses compétences. Mais il faut sortir de l'idée d'avoir à prouver quelque chose. Nous avons bien quelque chose à donner, notre temps, notre travail, nos compétences, mais nous n'avons rien à prouver. C'est important de sortir de cette logique de compétition et d'attachement pour retrouver une fluidité dans l'action. Il nous sera difficile, si nous sommes tout le temps rivés les yeux sur un objectif, de nous détendre et d'agir d'une manière calme et réfléchie. Pire, à terme, nous perdons notre énergie, le plaisir que nous avons d'avancer et nous nous perdons ensuite dans cette stagnation mentale. Pour éviter cela, revenons à nos bases ! Pourquoi nous sommes-nous engagés dans cette activité et non dans une autre ?

C'est là que la fidélité à soi-même intervient. Ne laissons pas les objectifs à atteindre biaiser le rapport que nous avons à nous-même dans l'activité que nous avons choisie. Choisissons d'agir pour la beauté de l'action, parce que nous aimons cela. Notre énergie est limitée, et le fait d'agir en fonction d'un objectif externe à atteindre se révèle énergivore. Nous filons droit vers l'abîme en ayant une telle attitude. C'est la même chose avec les horaires. Les employeurs comprennent de plus en plus que laisser les travailleurs avancer sur leurs dossiers selon un horaire qui leur convient sans leur demander bêtement d'être présents de telle à telle heure au boulot est, finalement, beaucoup plus productif. Là où je veux en venir, c'est que la qualité du travail s'avère au moins identique, voire meilleure, en lâchant le contrôle que nous avons sur nos actions et sur notre temps. Cette nouvelle organisation de nos entreprises impliquant les employés dans la mission de l'entreprise sans les infantiliser avec des règlements énergivores est une bonne chose. Laissons-nous vivre, faisons-nous confiance dans la capacité des tâches à accomplir et accordons cette confiance aux autres. Et si ce n'est pas possible, changeons de métier ! Nous oublions souvent que nous sommes fondamentalement libres.

PRATIQUER

Cette aisance et cette fluidité dans l'action forment le cœur de nombreuses philosophies orientales. Un conseil présent dans la *bhagavad-gītā* est d'agir et de ne pas agir en même temps. C'est-à-dire de garder toujours un recul sur ce que nous sommes en train de faire, de garder une distance avec l'objectif et de s'observer soi-même. C'est aussi l'idée de savoir que nous devons lâcher les conséquences de nos actes qui, en fait, ne nous appartiennent pas. Nous ne pouvons agir que dans la limite où il nous est possible de le faire, nous ne pouvons pas agir là où nous n'en avons pas les moyens. C'était aussi le credo des stoïciens qui disaient : « occupe-toi de ce qui dépend de toi et laisse de côté ce qui n'en dépend pas ». Cette philosophie grecque est née dans une époque de mondialisation et de bêtise croissantes, et je crois que nous devons appliquer les mêmes préceptes aujourd'hui. La grande différence entre la philosophie orientale et la philosophie stoïcienne telle qu'on la comprend aujourd'hui est que l'Orient nous propose des outils concrets pour faire évoluer notre relation à l'action. Des méditations, des pratiques, des postures, des chants, des pèlerinages, etc. nombreux apparaissent les outils nous permettant de changer notre rapport à nous-même et d'intégrer certaines idées plus profondément que la couche intellectuelle ne le permet. Une philosophie, d'un côté, une pratique intégrative de l'autre. Quel beau mélange.

L'Inde, d'ailleurs, n'est pas tant moraliste que l'Occident. Par contre, elle semble plus cohérente. C'est important. Nous avons tous compris qu'il ne suffit pas de savoir que fumer tue pour arrêter de fumer. C'est une habitude difficile à perdre. Il faut l'intégrer émotionnellement d'une manière d'autant plus ferme que nous fumons depuis longtemps. Les pratiques fournies par l'Orient nous aident dans l'intégration de nos valeurs et à nous aligner avec elles, c'est important. Du coup, si les pratiques nous changent et nous rendent meilleurs, nous n'avons pas besoin de nous moraliser sans cesse ! Et d'ailleurs, la moralisation vient d'un mental très extérieur à nous-même. Cela nous fait perdre beaucoup d'énergie et… cela n'aide pas, ou en tout cas, pas souvent. Par contre, les pratiques recentrent, permettent de récupérer et cela, en soi, nous aide à rester aligné ! Des actes plutôt que la parole. C'est un peu la différence, à mon sens, entre l'Orient et l'Occident.

L'idée consiste à centrer son énergie grâce à certaines pratiques. L'énergie circulant mieux dans l'ensemble du système, l'alignement se produit naturellement. L'énergie conditionne le fonctionnement du corps et du mental. Il ne suffit pas de se dire que l'on souhaite arrêter de fumer, il faut ressentir en soi ce besoin à un niveau plus profond. Cette profondeur peut s'acquérir de différentes manières, c'est sûr, mais une de ces manières est certainement la méditation et la pratique adéquate du souffle. Avoir accès à son mental intérieur montre que l'énergie circule mieux en soi. C'est là que l'on acquiert une maîtrise de nous-même. Sinon, nous sommes sans cesse en train de répondre aux stimuli extérieurs comme le chien de Pavlov qui bave quand il entend un son. La libération des processus mécaniques passe par un retour profond à l'intérieur de soi. Des figures devenues quasi mythiques aujourd'hui comme Nelson Mandela le disaient avec leurs propres mots : « Quand les gens décident de se prendre en main, rien ne peut les arrêter ». Cette prise en main est le fruit d'une décision intérieure : plus son origine se révèle profonde dans l'individu et plus la capacité à la réaliser sera forte. La difficulté étant d'y accéder et de discriminer cette voix intérieure d'une voix plus extérieure. C'est là qu'il faut acquérir une forme de discrimination et quel meilleur moyen pour apprendre à les différencier que d'essayer de les entendre tous les jours ? Cela requiert uniquement un peu de temps et de l'engagement, rien de plus. Pas besoin de s'enfermer dans le silence, mais bien plutôt de faire des activités que l'on aime.

L'AMOUR

L'amour est magique. Je ne suis pas le premier à vous le dire… Mais ce qui est magique dans l'amour est qu'il vient de très profondément à l'intérieur de nous. En réalisant ces choses que l'on aime, on se connecte à cette partie de nous, située à l'intérieur. Cette partie qui est emplie de sagesse. Pour un philosophe comme Emmanuel Kant, l'action juste provient d'une rencontre de la conscience avec elle-même. Et ce n'est pas un processus intellectuel ! C'est une rencontre de soi à soi, un retrait de l'expérience quotidienne, un dialogue de soi à soi. Toute sagesse vient de l'intérieur. Les enfants, d'ailleurs, en sont remplis, déconnectés qu'ils sont des multiples impératifs externes, leur cœur parle souvent et nous devrions apprendre à les écouter plus. Cela ne paraît pas anecdotique de savoir qu'ils sont considérés comme étant aussi sages que nos ancêtres dans la culture Maori en Nouvelle-Zélande. Les jeunes n'ont pas encore développé toutes les protections psychiques qui nous encombrent et que nous portons tous les jours. Je me souviens avoir passé d'excellents moments, en classe, lorsque j'enseignais, et d'avoir beaucoup appris au contact de jeunes grâce à leur spontanéité et à leur franchise.

LA VOIX DE LA CONSCIENCE

Une des raisons principales pour lesquelles il est tellement difficile de trouver sa voie réside dans le bruit ambiant qui étouffe notre voix intérieure. Ce bruit est défini dans les théories de la communication comme ce qui empêche un message d'être reçu. Une des causes de celui-ci correspond au trop plein d'informations. Trop d'informations nuit au message. Nous en sommes constamment noyés, à un point tel qu'il devient difficile de la trier. Les états d'âme de la duchesse de Cambridge sont mis sur le même pied que la mort de dizaines personnes dans un attentat, c'est juste une ligne de plus dans le journal. La lisibilité du message se perd et le flux d'informations devient finalement un flux stressant et traumatisant. Toutes les informations deviennent potentiellement dangereuses pour nous, dans un Monde devenu village, comme nous le disait Marshall Mac Luhan. Ce trop-plein crée en nous une incapacité à trier, à comprendre, à faire un effort de distance. Nous sommes tendus en permanence. Et, quand ce ne sont pas les nouvelles qui nous encombrent, ce sont les débats, les commentaires des commentateurs, puis des musiques commerciales insignifiantes, des publicités, etc. Il devient parfois très dur de se relier à notre propre voix intérieure.

Étant remplis de tout, nous n'avons plus vraiment conscience de rien. Or, à l'intérieur, quelque part, notre âme nous appelle. Nous avons tous une voix intérieure qui nous guide. On l'appelle la voix de la conscience. Le concept de cette conscience, en Inde, demeure très beau. Elle est définie comme étant le principe de vie en nous. En effet, nous perdons notre conscience et donc notre énergie de vie. Cette conscience est le principe le plus ancien et le plus sacré en nous. Je m'explique. Nous devons la vie à nos parents qui l'héritent de leurs parents et, en remontant comme cela jusqu'au bout, on arrive à la première cellule vivante. Ce qui est vivant en nous ce manifeste identique à cette première cellule qui est apparue il y a 3,5 milliards d'années. Cette conscience a traversé le temps et, elle, elle sait. Elle a beaucoup vécu, quelque part, elle a une idée de ce qu'elle souhaite vivre. Et, si nous apprenons à mettre toutes les informations inessentielles de côté et que nous apprenons à calmer le mental, nous pourrons entendre sa magie.

Cette conscience nous guide. Elle nous parle. Si nous l'écoutons et la laissons nous guider, elle saura nous dire où aller et quoi faire. Nous avons toujours tendance à chercher des conseils auprès de personnes ayant plus d'expérience que nous, mais nous abritons aussi, dans notre sanctuaire intérieur, un principe aussi vieux que la vie elle-même : notre conscience. Si nous la laissons nous guider, elle saura nous montrer la voie. Des textes de Yoga plus anciens expliquent qu'un jour, cette conscience sera notre dernière valeur sûre tant nous ne pourrons plus compter sur le Monde tel qu'il deviendra. Nous devrons prendre appui uniquement sur ce principe que personne ne peut nous enlever. Lorsque l'on regarde la vie de certaines personnes ayant réussi, elles étaient là où personne ne les attendait, mues par une raison inexplicable. Ceci, souvent, après de nombreux sacrifices. Là où tout le monde aurait abandonné, elles, ont continué. C'est cette voix intérieure, inexplicable, qui les a guidées.

Cette voix, qu'elle soit sous forme d'intuition ou de voix réelle, parfois, a réellement guidé de nombreuses personnes autour de nous. Personne ne nie que les voix que Jeanne d'Arc a entendues ont permis aux Français de bouter les Anglais hors de France. Macron lui-même, dont on ne sait réellement d'où il a tiré son inspiration, a souvent été qualifié de Jeanne d'Arc par sa propre épouse. Rien ne le prédestinait, lui qui n'était pas politisé, à franchir toutes les étapes jusqu'au sommet de la République. On ne l'attendait pas, tout comme on n'attend pas un météore. Et c'est bien ce météore qui a déjoué tous les plans de Hollande. N'était-ce pas fou ?

S'il avait raté, on aurait dit de lui qu'il était fou. Mais comme il a réussi, il passe plutôt pour un génie. Ce qui meut les hommes, la passion, la motivation est insondable. Et lorsqu'en écoutant nos propres voix, nous ne nous trompons pas, nous réussissons à traverser ce que nous devons traverser pour atteindre notre but. Pour cela, nous devons apprendre à rentrer en nous et à écouter ce qu'il se passe dans notre maison intérieure. Et, si nous l'avons longtemps laissée en friche, en y rentrant, il nous faudra bien faire le ménage pour voir ce qui s'y passe réellement.

La discipline, en Inde, nous aide à nettoyer notre maison intérieure, à en prendre soin, à l'aménager. Ensuite, il nous faut l'écouter et… accepter ce qu'elle nous dit. C'est la base des enseignements. Il faut revenir sans cesse sur ces différents concepts : élimination, écoute intérieure et abandon. Cette voix intérieure s'avère plus forte, au final, que toutes les autres voix extérieures, elle est plus forte que nos traumatismes, plus forte que le reste.

Mais il ne s'agit pas d'un processus instantané. Si vous laissez une foule entrer en vous, si vous prenez pour acquis tout ce qui se raconte en le tenant pour acquis, vous ajoutez du bruit à cette voix. Et, à un moment donné, il y a tellement de bruit que vous n'entendez plus rien, mis à part un vacarme insensé. Peut-être est-ce là l'appel à débuter une phase de rangement intérieur ! Et, il est possible, que vous découvrirez alors l'étendue de votre maison intérieure !

ALTÉRITÉ ET VOYAGE

Un autre domaine très important pour guérir est de se connaître soi-même. Sans savoir qui l'on est vraiment, il semble impossible de savoir ce qui provient ou non de nous au sein de nos souffrances et de nos potentiels, autrement dit, ce qui est le fruit de notre responsabilité et ce qui ne l'est pas. Nous sommes nombreux à nous morfondre en Occident dès qu'un petit problème surgit : une panne de courant, un train en retard, de la pluie quand la météo avait prévu du soleil. Nous nous plaignons car cela nous permet de reporter notre frustration sur quelque chose d'extérieur à nous. Cette pluie, ce retard, cette panne nous empêchent de faire ce que nous avions prévu, comme nous l'avions prévu. Du coup, si nous n'y arrivons pas, ce n'est pas de notre faute, c'est de celle de l'événement extérieur. Pas besoin de nous remettre en question. Et pourquoi le ferions-nous ? Nous ne sommes ni électricien, ni météorologue, ni cheminot.

Et pourtant, cette frustration que nous ressentons est le signe d'une impuissance. Nous n'avons pas de prise sur les événements extérieurs. Et en même temps, nous avons bien le droit de planifier notre journée, d'avoir des projets et de disposer de notre temps comme bon nous le semble. C'est bien là un droit naturel et nous comptons bien ne pas y déroger. Néanmoins, si l'on y regarde de plus près, nous voyons bien que les choses ne se passent pas comme cela, et pourtant nous ne pouvons pas nous empêcher d'être affectés par ces différents événements relativement mineurs dans notre vie. La raison est la suivante : nous sommes trop plein de nous-même. La force de la routine et des habitudes nous pousse toujours dans une même direction. Et, avec le temps, nous sommes tellement habitués à ce que nous faisons tous les jours que nous arrivons difficilement à sortir de nos habitudes. Nous nous sommes définis, une bonne fois pour toute, nous sommes instituteur, ouvrier, mari ou femme, etc. Et lorsqu'une de ces définitions doit changer, nous appelons cela un drame de vie. Comment faire ?

Il existe bien un remède à ces fortes habitudes. C'est de se confronter, dès que nous le pouvons, à l'altérité.

L'altérité, c'est aller à la rencontre de ce que nous ne connaissons pas et nous laisser transformer par elle. C'est aller en Inde en sac à dos. Partir dans le désert, voir les étoiles. Accepter de partager son repas avec des inconnus. Accepter de nouvelles choses dans notre vie et ne pas être sans cesse dans le contrôle de ce qui peut rentrer ou non. La seule manière de nous connaître est de rencontrer les résistances qui nous définissent et dont nous ne sommes pas toujours conscients. Traverser des épreuves et nous rendre compte que, oui, nous avions finalement la force de nous en sortir. Et souvent nous en sortons grandis. Nous en sortons redéfinis, enrichis. Le but de la vie n'est-il pas de vivre des expériences ?

Se confronter à une autre culture se dévoile très formateur. Et c'est là que nous voyons les petites choses du quotidien. Par exemple, simplement, la nourriture et les toilettes. Je me souviens de mon premier voyage en Inde. Nous avions mangé des *garlic naan* – du pain à l'ail – et, je ne sais pourquoi, à l'époque, je ne tolérais pas l'ail. Nous étions alors à Bombay et avions pris un bus-couchette durant plus d'une journée pour nous rendre à Bangalore d'où nous allions prendre le train pour nous rendre à Chennaï. Coincé dans ce bus donc… durant quelques heures avant de pouvoir trouver des toilettes ! Puis enfin… un trou, un simple trou. Des cafards. Une odeur. Des portes qui ne ferment pas. Pas de papier. Mais, une urgence. Une vraie urgence. J'ai failli y tomber dans ces toilettes, ce jour-là. Plus d'une fois. Mais cela m'a fait grandir. J'ai compris le luxe dans lequel nous étions. J'ai aussi compris que ce luxe n'est pas forcément le plus sain. La position accroupie se veut bien meilleure, en effet, pour y réaliser ce que nous devons y faire. Et ce n'est qu'un exemple.

Tout en Inde est différent. Les gens, la culture, la nourriture, les voitures, le climat, les coiffeurs, les barbiers, les animaux. Et même les maladies. On y attrape des virus inconnus qui nous donnent presque 40 de fièvre pendant un jour ou deux puis qui disparaissent comme ils sont venus. On y développe une nouvelle façon de voir les choses. La spontanéité de la rue nous enjoint à profiter de petits moments tellement précieux : de l'eau de coco chez un petit marchand de rue, des fleurs au mètre *(mailipu)*, du thé à 5 roupies, et des beignets divins aux lentilles que l'on appelle *vada*. Les chiens y circulent librement avec les vaches, les oies, les écureuils, des chèvres, parfois. On y trouve des temples à chaque rue, il suffit d'enlever ses chaussures, d'oublier qu'on est occidental, de revêtir intérieurement une attitude humble et de se laisser guider parmi les chants, les statues, les fleurs, les odeurs et les pèlerins. On n'y vit jamais deux fois la même expérience.

Un jour, un ouragan est arrivé et, un employé municipal n'a rien trouvé d'autre que d'ouvrir le barrage alors que la marée montait. Le résultat fut une immense inondation. Des milliers de gens sont morts, on entendait les animaux hurler, on voyait passer des rats trempés cherchant refuge. J'étais au deuxième étage, avec de l'eau en quantité limitée et quelques bâtons de chocolat que je destinais à mes amis. J'ai demandé un peu de riz blanc à mes voisins et ai attendu 5 jours avant de sortir. Il ne pleuvait plus. Mais l'eau était toujours haute. J'avais mis un essuie autour de ma taille et montait et descendait ce bout de tissu en fonction de la hauteur de l'eau. De temps en temps, quelqu'un m'avertissait qu'il y avait peut-être une bouche d'égout que je devais contourner pour ne pas tomber dedans. Je suis finalement arrivé chez mon professeur. Ils ont partagé le peu de nourriture qu'ils avaient et j'ai fondu en larmes de soulagement de pouvoir, enfin, manger.

RETOUR AU KARMA

Ce que j'essaie de dire, c'est que nous ne devenons conscients de certaines forces que face à l'adversité. Que pour se connaître, c'est-à-dire pour délimiter les contours de sa personnalité, se confronter à l'inconnu se révèle essentiel. Sans cela, nous restons informes car nous n'avons pas à nous distinguer, à chercher notre force à l'intérieur. Il est bon de sortir de soi, de découvrir, de partager, de se confronter. La vie amène son lot de difficultés. Mais, mieux nous nous connaissons et moins ces difficultés sont réelles. Et chacune d'elle participe à la création de la personne que nous sommes. Selon les Indiens, pour reprendre la notion de *karma* que nous avons développée plus haut, nous avons un certain nombre d'expériences à vivre afin de nous faire gagner en maturité. Tant que nous ne comprenons pas, nous sommes condamnés à revivre ces expériences. Le passé est fait pour en tirer des leçons. Pas uniquement, comme je le disais plus haut, en le connaissant, ou en faisant la paix avec lui, mais mieux encore en en tirant des enseignements. En acceptant que la vie nous change et que nous changions avec elle. En acceptant le flux de l'existence et en le respectant. En ce sens, vivre est un voyage extraordinaire, une méditation constante. Ce changement qui à la fois nous entoure et nous prend de l'intérieur est absolument non maîtrisable. Tenter de le faire s'apparenterait à tenter de contrôler la météo ou les éléments. Aller avec le courant, avec le flux est tout ce que nous savons faire. Et surtout, c'est un concept très puissant, accepter que les desseins de l'Univers ne soient pas les nôtres au départ, mais le deviennent. Nous ne pouvons pas contrôler notre vie. Tout au plus y faisons-nous quelques choix importants. Et, la question prend tout son sens ici, choisissons-nous vraiment ?

Un dernier concept, enfin, très important pour aller vers l'inconnu, c'est le concept d'engagement. Le raisonnement devient simple : en allant vers l'inconnu, il y a fort à parier que nous butions contre nos résistances, mais aussi contre les limites qui nous définissent. C'est une rencontre et comme toute vraie rencontre, elle nous transforme. Il y a fort à parier, également, que nous devrions puiser dans nos ressources pour affronter l'inconnu. Tout cela est profondément inconfortable, et paraît probable que, de temps en temps, nous rêvions de revenir en arrière. Mais si nous choisissons une voie avec notre cœur, alors oublions les obstacles et fonçons.

FIN

TABLE DES MATIÈRES

Imprimé en France
978-2-310-05144-6
Dépôt légal : 4e trimestre 2021